Truinas

April 21, 2001

Truinas

April 21, 2001

By Philippe Jaccottet

Translated from the French by John Taylor

ODD VOLUMES

of

The Fortnightly Review

LES BROUZILS

2018

©2004 Éditions La Dogana (Geneva).

Translation and notes ©2016 John Taylor.

This translation, in a different version, was first published in *Essays and Fictions* (volume XI, Spring 2013).

978-0692426449

Odd Volumes *of*
THE FORTNIGHTLY REVIEW

Le Ligny
2 rue Georges Clémenceau
85260 Les Brouzils
France.

www.oddvolumes.co.uk

TABLE OF CONTENTS

On the eve of André du Bouchet's burial 1

Attached Pages 29

Notes 35

La veille de l'enterrement 45

Feuillets joints 73

Biographical information 79

It was the 20th of April, on the eve of André du Bouchet's burial, when his daughter Marie called to ask if I would say a few words for the occasion. I told her I wasn't sure I would have the courage to do so. Then that same evening, after imagining the burial would be even more sorrowful if no one spoke up at all—even as I already suspected no genuine ceremony would be held—I quickly wrote this down:

"In the last letter received from André du Bouchet, dated the 31st of March, these words: 'Arrived at Truinas in a marvelous snow storm...'

"And these lines from Hölderlin's 'Mnemosyne' came to mind:

> *And snow, like lilies of the valley,*
> *Signifying nobility of soul*
> *Wherever it's found, half-shines with the*
>   [*green*
> *Of the Alpine meadows where*
> *Heading up a steep road*
> *And speaking of the wayside cross*
> *In memory of the dead,*
> *A traveler with*
> *Another, but what is this?*

"'Nobility of soul': words that have become almost unpronounceable. Yet this is what we all loved and admired in André du Bouchet; like his fiery spirit preserved until his last days despite what he had to endure; and that valor, which he also kept up until the very end, and which I always envied.

"This is why Anne-Marie and I would feel strengthened, reinvigorated, every time we came back from Truinas. And if there was still daylight, the narrow stream would be glimmering further on, to the right of the road, after Dieulefit, like light going on ahead of us, leading us, having broken through the equally glimmering rock cliff in places. These are the things we kept close to us for more than fifty years; these are the things he reached in words as few other poets have been able to do, shooting his arrows from a bow strung to its keenest tautness.

"Incandescent words.

"To hear them no longer, I mean pronounced by him, will be greatly missed by everyone.

"'Taken away at Truinas this April 20th as if in a marvelous snow storm'; 'snow, like lilies of the valley'—they won't be long in sprouting up—'signifying nobility of soul, wherever it's found'. . ."

Having left Grignan at about nine in the morning and as we were driving to Dieulefit through the Valley of the Lez, which narrows as one continues, I pointed out to Anne-Marie that the clouds ahead likely announced snow. Indeed, wet and heavy snowflakes started falling just after Dieulefit even as the fog was thickening enough to worry us somewhat about the end of the drive. Upon our arrival in Truinas, the whole landscape was sprinkled white, the air was cold, the paths were muddy; so that the sentence with which I had intended to begin and end my speech—the "snow storm" that was still a mere metaphor in my mind—would have to be modified since the snow which had been qualified by André himself as "marvelous" and which had accompanied his forced departure from Truinas at the end of March, was now falling again—but for his last return. . .

At the end of the small valley, when we arrived at the little cemetery alongside a chapel which, moreover, we had never entered, a mechanical shovel was still digging the grave in the miry earth. A few people were standing there, strangers as well as friends, but no family members as yet, so we decided to shelter ourselves from the cold and the sparsely falling snow by going into the chapel which, because it was deconsecrated, seemed even sadder and colder. At last we spotted Anne, then Marie, then Paule and Gilles. It clearly seemed as if nothing, absolutely nothing, had been planned or organized; not to mention a ceremony or ritual, which probably none of us expected anyway; nor even any attempt at some kind of order: there was a sort of strange bewilderedness as well as something wild which, perhaps, ultimately fit the occasion. Anne-Marie gave her arm to Jacques Dupin who had nearly slipped on the sloping ground. In a small sloping enclosure where, I think, there were still only one or two graves, the coffin had been placed on a construction site trestle table with metallic legs. I was struck by an impression of strangeness that continued to grow as time went by: because of the unexpected cold, the small snow-sprinkled valley that I was beginning to discover beyond the low cemetery wall, and even more so the kind of disorder and bewilderedness, the long silence—to the extent that I realized, later, that I had not thought for a second about a dead body lying in the coffin, let alone the body of such an old friend, not for a second—and I do not believe this merely stemmed from an unconscious defense mechanism against excessive emotion. . .

All ritual forgotten or deliberately rejected, and even the opposite of a ceremony, be it simple and quiet: the silence, the wet cold, the snow that had now stopped falling or was becoming rain, and this kind of waiting among those who were standing there somewhat dazed, almost as if lost.

At the end, instead of some liturgy which I, the old-fashioned one, would perhaps have preferred (yet which, I realize, would have been out of place when what was "true" was precisely this disorder, this confusion I have mentioned), words were pronounced almost randomly and—deep down—not at all randomly; like those flowers that could be made out here and there beneath the snow. Dominique Grandmont neared the grave and read "The April," André's poem from 1983, and it was beautiful because it was about a "blue windowpane" and flowers, ultimately in opposition to the muddy grave, as words were flowering there, wildly: as was in turn Jacques Dupin's exclamation: "André, my brother!" (and as I continued not to think of him as a corpse, continued to look only at the landscape as I had never seen it—and later I would also tell myself I would never have been able to pronounce words like those, nor like that, and that this was not to my honor). After which I read my few lines: "snow, like lilies of the valley, signifying nobility of soul," aware that I was touching upon something, all the same, that was irrefutable and that had linked us to each other from the onset. Finally, someone whom I did not know stepped forward with a book in his hand and started reading in turn—it had completely stopped snowing; and his choice of text further deepened my astonishment and emotion because I immediately recognized the final pages of *Obermann*, notably the lines beginning "if the flowers were only beautiful" which, in the 1960s, had given me genuine enlightenment, to the extent that I used them as the starting point for a chapter of *Landscapes with Absent Figures*.

I listened, and the words read aloud penetrated in me as deeply as the landscape of that wintry April around us:

> *... Century after century, so many hapless wretches will have stated that flowers have been granted to us in order to cover our chains, to deceive us about them at the beginning and even to contribute to our remaining bound till the end! Flowers do still more, but rather vainly perhaps: they seem to indicate what no human mind will ever delve into more deeply.*
>
> *If flowers were only beautiful to our eyes, they would still seduce us; but sometimes their fragrance leads astray, like a fortunate situation in existence, like a sudden calling, a return to a more intimate life. Whether I have myself sought out these invisible scents or, especially, whether they offer themselves up, provoking astonishment, I receive them as strong yet precarious expressions of thinking whose secret the material world veils and encloses.*

I was listening, even more moved:

> *... but daffodils or jasmines would suffice to make me say that, as we are, we could sojourn in a better world.*
>
> *What do I wish? Hoping, then no longer hoping, means being or no longer being: this is what man is probably like. Yet how is it that after the songs of a moving voice, after the fragrance of flowers, and the sighs of the imagination, and the élans of thought, one has to die?*

Then I listened as *"a woman full of loving grace"* approached *"with no other veil"* than a curtain, before withdrawing, coming back *"while smiling with her voluptuous resolve"*—like another, infinitely more precious, species of flower; after which, brusquely: *"But then you will have to grow old."*

As if the most mysterious and the most necessary quality of every life had been touched in passing, almost idly... until the final pages of the book, which were also the final pages read that morning in front of the empty grave:

If I make it to old age, if, one day while I am still thinking constantly yet have given up speaking to human beings, I have a friend next to me to hear my farewell to the earth, may my chair be placed on the short grass and may quiet daisies be there in front of me, in the sunlight, beneath the vast sky, so that as I leave this life that keeps passing by I will once again sense something of the infinite illusion.

These sentences had been written, as if in a hush, two centuries beforehand; on that April morning they had just been read, also in a hush and with what fitting intuitiveness, by a voice that was even trembling a little; and it was no less than as if they were filling all of space before blending into the fog hiding the horizon.

After that, once we had gotten back into the car and then driven off in the wrong direction down the road to Félines for a moment instead of heading directly for the house where friends were expected—some of whom we waved at while driving past—, those big sloping meadows, those ravines with boulders like whole mountain chunks that had been halted there for centuries in their fall, two horses as well, motionless in a recess of the narrow road, those trees in bloom on terraced slopes, all this beneath a light layer of snow that only barely concealed them, all this—how to put it?—more beautiful, that is more real in its strangeness, in its wildness, more intense than I had ever seen; all this at once wild and "in well-ordered array" like the oak trees in another of Hölderlin's poems that I recalled, a "presence" that I had perhaps never in my life felt as strongly, that was indubitable and perfectly incomprehensible, truly "marvelous," yes, like the snow storm in André's last letter.

One or two days later, back home and thinking about that morning, about Senancour's exclamation: "Daffodil! Violet! Tuberose! You have only instants!. . .," I ventured this: never will the daffodil say "daffodil," and this is probably why it seems at once so beautiful and so elusive to us. Flowers have no sight, no tears, no voice. Like the snowflakes that morning, like the boulders, like the mud.

Petit-crû, the dog, was seemingly watching, understanding a little, beginning to understand: he was partly crossing over to our side. The story of Paradise was perhaps not a vain fable: looking and speaking must have been born when human beings stopped being wholly inside the world and in harmony with it as plants and stones appear to be. "Their eyes were opened": and after the invention of sources came that of tears, infinitely different from each other.

With these thoughts in mind, I saw us once again in the "well-ordered array" of that extraordinarily real and silently radiant place, with those human figures who had come together not without difficulty, the young foreign woman walking down the road to Truinas, Gilles and his daughter walking on another road—the one on which we had spotted the two horses—, along with those human beings who were slipping in the mud of the sloping little cemetery, who were cold, and whose voices, if they ventured to be heard, sometimes trembled a little; sad human beings of course, but not of the kind who show it overtly; especially as I saw them once again, saw us again, human beings who were strangely awkward and lost as if the "well-ordered array" that had long characterized, not only trees and ravines, but also the lives and the deaths of all of us, had come apart, leaving us distraught before the grave, at the end of this small valley, almost like poor people burying one of their own, the victim of some disgusting war, quickly, on the edge of the fighting... So unarmed.

Black figures ready to come apart as well, like snowflakes, but so much more miserable than snowflakes.

More miserable except that, lacking the ancient words of some liturgy, we had gone in quest of words that were hardly less unanchored than we were, along with the simplest heartfelt cries ("André, my brother!"), trying them out in the air against death, those very words that are born of the first exile, that would never have been formed and that would have remained unnecessary without it, thereby attempting to tie ourselves back to the world, at least for as long as it takes to pronounce or hear them, to the "marvelous" world of sightless, voiceless things, to the world of flowers and snowflakes on flowers that are blooming or beginning to bloom.

And now comes back to mind another moment of that morning of the 21st of April, when nearly all of us gathered once again in the house in Truinas. A very calm Anne de Staël, her great inner force undamaged by sorrow, came over to speak to me for a short while. She told me that a few days before André's death, when she offered to read some pages—which had seemed particularly complex to her—written about his poetry, he rejected the idea; yet gratefully accepted her suggestion to read some of Emily Dickinson's poems, which, as Anne confided, she had always admired; and she added these words more or less, with that frankness we can only appreciate in her: "As if, facing death, only what is self-evident withstood . . ."

I later thought it was as if, during that strangely full morning, other threads had been added to all the interwoven correspondences which, for so long and despite our differences, I had perceived between André and myself. One of those correspondences was the thought of the "simple" (which, however, is not the word: Dickinson is not "simple," nor Hölderlin, nor Hopkins, nor André himself) as what alone could be opposable to death, an idea that had preoccupied me for years. The other thread was Emily Dickinson's being mentioned in that moment of mourning, because of what I had written twenty years before, after Gustave Roud's death, and which I could not fail to remember now:

"On the afternoon of the funeral, I was struck by the presence of a few objects, which seemingly summed up a life, on his desk cluttered with probably unread books and with mostly unanswered letters. First, the photo of one of Roud's farmer-friends, a winter woodcutter who was wearing a fur hat, and, in front of this photo, a postcard showing, I think, the head of an archaic Apollo; then a small volume of Emily Dickinson of which Mademoiselle S. told me that he knew by heart a poem that he would constantly reread, in the original, during his last months:

If I shouldn't be alive
When the Robins come,
Give the one in Red Cravat,
A Memorial crumb.

If I couldn't thank you,
Being fast asleep,
You will know I'm trying
With my Granite lip!"

I have often stated that my decisive encounter with Roud and his oeuvre, when I was an adolescent, fortified me with respect to a poetic philosophy in which the craft of writing and how one lives—how one stands up to life—should be inextricably linked. I doubt that André du Bouchet would have much liked Roud's books, nor even his translations of Hölderlin. Yet the two men were similar in discretion and dignity, "at the same height"; and even more so at the roots of their oeuvres by means of certain deep harmonies, of which the appearance of the pure figure of Emily Dickinson, as they were about to die, was a poignant sign.

Quite a few of us were in the house and close to one another as rarely happens: André himself was as little dead as possible, if one may speak in this way. And those unheard-of echoes, in the two senses of the word, were circulating in the air as if we had been caught in the network of a "silent music"—the *musica callada* of Saint John of the Cross—and held there together, living together in a house other than the stone one braided with plants that was sheltering us.

A network, yes, it was exactly that, as I assured myself more and more while recalling our long and, most often, tacit friendship.

"We have the same reasons." Despite the widening gaps in my memory, I still hear André du Bouchet saying these words, just like that, during our first meeting, which took place at the Abbey of Royaumont during some cultural festivity of which I have forgotten everything; we were introduced to each other by André Berne-Joffroy, as he recently reminded me: in 1948, perhaps; in all events, a very long time ago...

Five brief peremptory words in which I wholly recognize him today; brief and brusque words since they could be based only upon an immediate intuition; five words that I myself would have been incapable of finding because of my doubting mind and this cautiousness that I have never rid myself of. Five words whose aptness I now perceive with astonishment.

(Whereas the consequences of those "reasons" in our books have been so different that they have sometimes seemed almost incompatible to me; and I have wondered more than once how André could put up with my books, and how I could feel for his so much admiration. As if, in the final reckoning, from the same soil, plants of very different species could sprout. From the same soil, that is: the "same reasons.")

Similarly, our common admiration for Hölderlin.

In *Landscapes with Absent Figures*, which dates back to 1970, this note added to a few pages of reflections about the same poet:

"One of the most admirable [images written down by Hölderlin], among many others, is found in a sketch of a hymn to Christopher Columbus:

> *since*
> *for so little*
> *the bell used*
> *for ringing out*
> *dinnertime*
> *was out of tune, as if by the snow.*

It is difficult to grasp the relationship between these lines and the hymn itself; but suspended as it is here, the image suggests a haiku; and some readers will understand if I say that I find in these few words *the infinite opening* that makes me live."

It's no coincidence that I had idly contented myself with pointing to the enigma of this fragment, while underscoring the gleam that drew my thoughts to it, and that years later it was taken up by André du Bouchet as the impetus for and the title of a meditation in which he progresses into regions I could never have neared. However, since each of us had granted the same special place to Hölderlin's oeuvre in our own poetic adventures and had both translated some of his pages, it was clearly by choice that we had spent time in the same vicinity of the mind. No surprise, either, that a fragment of "Mnemosyne" almost immediately occurred to me for bidding farewell to him. Not only because of the snow, the lilies of the valley, and the "nobility of soul," but also because of the evocation of the two travelers who go over a pass marked with a cross "in memory of the dead"; and for this theme of crossing over, which will have accompanied me all my life, and for the multifarious echoes it was raising in me, beginning with the opening of Büchner's *Lenz*:

> *On the 20th of January, Lenz was walking in the mountains. The summits and high slopes were covered with snow, gray stones were tumbling down to the valleys, green meadows, boulders, and spruce trees.*

It was damp and cold; water was streaming from the rocks and gushing over the path...

Then, emerging from behind those lines—or those slopes, those cliffs—, Celan's admirable *Conversation in the Mountains*, translated into French as early as 1970 by André du Bouchet and John E. Jackson:

We Jews, having come here like Lenz, over the mountain...

And still further back, a memory less immediately convincing but all the same still alive for me: that "Winter Voyage into the Harz" which almost reconciled Rilke with Goethe's poetry...

From there, only a few steps inside myself were needed to arrive at the *Winter Journey*, at Schubert whom, as I discovered one day with some surprise, André admired as much as I did; even as Schubert had been loved, in what I would call a still more intimate way, by Gustave Roud once again; he whom I had been able to compare, toward the end of his life, to another "winter traveler"—and I had never afterwards looked at the low windows of his country house bedroom without the frost flowers evoked in one of the most beautiful lieder of the cycle being re-engraved in my mind.

Echoes less numerous than obstinate and heard in the depths of the heart, all the way to those words which were written so generously for me by André and whose ending in fact makes both Schubert and Goethe surge forth: "What the spirits sing above the waters." A waterfall poem, a "pure sunbeam" falling from the abrupt cliff and becoming a foamy iridescent veil and murmurs in the depths, all the way to the smooth mirror of the lake where constellations are reflected:

> *Human souls*
> *How like water you are!*
> *Human fate*
> *How like wind you are!*

Why then, when I arrived in Truinas that morning, did I immediately sense I was seeing the reality of the world as if it were "in relief," as if it were submerging you, almost taking your breath away? I could initially imagine that the painful circumstances had made my sensibility more acute; and that, moreover, the unexpected snow which had so quickly transformed the landscape had somewhat sharpened my eyes. (I must add I had always found Truinas to be a beautiful, "true" place—beautiful because "true"—, including the big low house that had become the heart of the place.)

The sprinkled snow over all things: the encounter, either the first or the last, at the beginning or at the end of the season—a surprise—, snow and meadows, snow and foliage; the discovery of all things around us as if they were freshened by a sort of weightless plumage, the surprise—as if a very big bird had swooped down and grazed the ground for an instant, the light touch, fresh, almost immaterial—virginal, as I think that one can and must say ("The virgin, vivid, and lovely today"). The boulders, the ravines, the meadows, the hedges, the bouquets of trees, the few stone farmhouses, indubitable as ever and at the same time, how to put it? lightened. . .

The presence, weight, and density of this bit of the world were impossible to call into doubt; and in addition, the very event of the burial that had also become strangely "truer," true like those stones and that mud, through the total lack of ceremony and through what I said, even with its apparent disorderliness, bewilderedness, a sort of awkwardness before death.

Wild.

Wildness: what lies in the depths, is unaffected, the recovered foundation, ground on which one doesn't sway—the very qualities ever so present in André du Bouchet's books—, at the very place where, one night, many years before, I had broken a heel bone after overstepping the path and falling from one dry-stone terrace wall onto another one: the opposite of a dream; and with that, the light snow, like feathers left behind by a late migration.

The encounter, which is almost impossible to express, of snow on apple buds beginning to bloom; touches of pink in all that whiteness.

The cold, the mud, the fallen down boulders, the orchard in bloom; but also those two motionless horses, beautifully wooden in color; and the people who were walking there, and the naïve feeling they were all friends, or should have been, because of the common magnetic pull towards the grave, and towards the house.

And the other, even stranger feeling, in me at least, that there was no emptiness, no absence, that only the coffin was empty, as it were. I will even venture this: there was no real sadness, in me at least; rather an emotion at once calm and intense, but no heartbreak, no revolt. (I have to say what I myself felt: nothing more—as I have always tried to do.)

Everything was livened that morning: the sensation of the reality of the world, of the marvelous reality of the world in a moment when contraries meet; and the feeling of human warmth, of, yes, I'll say it again, a "nobility of soul" beaming inside and outside, beneath the snowy sky as well as beneath the roof of the house.

But the greatest marvel, which was capable of arousing, paradoxically if not scandalously, a kind of muffled, timid, yet nonetheless powerful joy, definitely consisted of the words, which were another species of flowers and snowflakes that had sprouted, had flowered, had floated for a few moments midway between the earth and the sky, immaterial things and yet not entirely so, words impossible to produce if there had not first been the flowers, the boulders, and the clouds that they sometimes evoked, yet emerging from a place utterly different from the earth and the sky, born of ourselves, emerging from the heart, unable to be spoken except by us, and speaking to us alone—and those words, yes, obviously, had won out that morning over emptiness, for as long as that morning lasted; but with what lightness, what lack of pretentiousness, without the slightest accent of triumph—I would like to know and be able to say how—, as simply, as miraculously, as a stream cutting its way between high grass and rocks (and it was in fact faithfully flowing down below).

A luminous smoke.

Or the fragrance risen from the depths of a heart no longer closing itself off from the world.

A net knit of words, which gathered, which enveloped like a coat, yet which did not enclose, imprison—quite the opposite; since all the words chosen were expressing a crossing over, were themselves the crossing over, one step after the other—and the mountain, ceasing to seem a wall, had simply become what carries snow at its summit, night that blooms on its distant summit at sunrise.

(Here, another passage from "Mnemosyne," which immediately precedes the one I quoted:

> *But what we love? Sunshine*
> *Sparkling on the floor and dried dust*
> *And the shadowy woods of the homeland...*

And finally, just after the same passage:

> *... but what is it? By the fig tree*
> *My Achilles has died...*)

This is how the visible and the invisible, natural things, animals, human beings alive or dead, and their ancient or new words, as well as sadness and a kind of joy, can end up woven together. And once something that looks so much like the most intimate part of the mystery of being has been grazed with what is most intimate in you—however frail you might be, however moronic you might become—, how can you forget it, how can you keep it to yourself?

Attached Pages

I have now given shape, though clumsily—so clumsily that, in the past, I would not have divulged them like this—to these pages begun immediately after the 21st of April, 2001, and dragged around like a burden for three years, the burden of an unsatisfactory draft, of an unfulfilled promise. Now published, despite everything, because of the impulse of friendship that they originally signified; and because of what they wanted to say and say again, before I will assuredly no longer be able to do so.

If I had at least spent days rewriting them, touching them up, giving variety to them, enriching them! No, those days were mostly spent keeping my distance in order to avoid the evidence of my failure; and I was not distracted in the least by other chores that would have given me an excuse.

It's barely if I could note down, from time to time, the extent to which I felt "undone"; not "torn apart," but "undone."

Also ill-at-ease, as never before, when facing what always seemed essential to figure out.

Ill-at-ease, undone, disgusted at times, yet with some final remaining persistence.

On another day, I remembered this line from a sonnet written by Góngora in old age:

¿ Caduco el paso ? Ilustrese el juïcio

that I had translated as:

Caduc le pas? Que l'esprit s'éclaircisse...

[A faltering footstep? May the mind clear itself up...]

That this line kept haunting me was perfectly natural. But what if the mind itself "falters," I thought? Against that, nothing could be done. And this provided an additional reason for not postponing the completion of this text, if that morning in Truinas had truly been, as I happened to believe, one of the rare moments when I had recovered my "inner balance" during these years "in the ravine." After which, I had quickly let go once again.

I was experiencing a moment when "winged words," or what had always been dreamt of as such, fall to the ground in piteous disorder; a little like those woodpigeons, in the Pyrenees, flocking into the net that captures them—a spectacle which I had seen in the Pays Basque in 1938, when barely a teenager, and to which, I think, we were taken so we could admire the "great show." I fear I judged it to be so at the time.

And as I was musing during this rout of my thoughts, I wondered if a few of those woodpigeons soaring over the wooden-framed net cast up toward them, had safely flown over the pass. The very thing I could have dreamt for those "extreme words."

(*Parole estreme*, said by dying Clorinda to Tancredi in Tasso's octaves translated into such admirable music by Monteverdi.)

Even later—it was now the 3rd of November, 2003—I had nevertheless received, once again, a sort of sign: as viewed from a path between the place known as Gleizes and the Rocher des Aures, a few of those poplars that shine or, rather, light up like candles with yellow, almost golden flames, against a backdrop of dense dark-green pastures—especially in front of a rather steep slope where grazing cows seemed to be painted on a vertical panel, as in Books of Hours. Those kinds of lamps whose flames barely tremble in full daylight and which stand upright in the high hollows, at the ends of those small quiet valleys; and their truly golden light, their sunset light, having at last returned to my weary eyes so they can open again for at least as long as it takes to pass by, below.

Signs that are aids and that have become rarer.

And finally, in desperation, nearly three years to the day after that morning in Truinas, this resolution to content myself—but "content" is saying too much—with the work done.

Because what I have tried to retain here becomes something more and more remote.

Something that will end up resembling a foreign language that you had long thought you understood and even had dared to speak, and that becomes little by little unintelligible.

Or a long effective remedy which would no longer work and for which no substitute could be found.

Or it would be like a hand that withdraws, a face that turns away.

Life's sunlight that moves one step back, then many steps back.

I wonder if a bird can still fly through that sky.

April 2001-April 2004

Notes

(p. 1) "And snow, like lilies of the valley. . ." This poem by Friedrich Hölderlin (1770-1843) has several versions. See the discussion in Hölderlin's *Sämtliche Gedichte* (Frankfurt: Deutscher Klassiker Verlag, 2005, pp. 1031-1052). I have translated the German version that Gustave Roud (see below) used and that is cited by Jaccottet:

> Und Schnee, wie Maienblumen
> Das Edelmütige, wo
> Es seie, bedeutend, glänzet mit
> Der grünen Wiese
> Der Alpen, hälftig, da ging
> Vom Kreuze redend, das
> Gesetzt ist unterwegs einmal
> Gestorbenen, auf der schroffen Straß
> Ein Wandersmann mit
> Dem andern, aber was ist dies?

(p. 4) Jacques Dupin (1927-2012), French poet. Along with André du Bouchet, Yves Bonnefoy, Michel Leiris, Gaëtan Picon, Louis-René des Forêts, and Paul Celan, Dupin founded and edited the important review *L'Éphémère*, beginning in 1966. For Jacques Dupin in English, see *Of Flies and Monkeys* (translated by John Taylor, Fayetteville, New York: Bitter Oleander Press, 2011).

(p. 5) Dominique Grandmont (b. 1941), French poet and translator of Czech and modern Greek poets.

(p. 5) "The April" was actually first published by Janine Hao in 1963, then reissued by the Éditions Thierry Bouchard in 1983. Jaccottet recalls the latter date, which corresponds to an edition that circulated much more widely among the poets in Jaccottet's and du Bouchet's circle. Jaccottet notes "croisée blue" (blue window or here, arguably, windowpane) as an image; the actual context is: "croisée renvoyant la couleur de sa lumière au ciel bleu qu'on ne voit pas, est pour jamais confondue avec lui" ("windowpane sending back the color of its light to the blue sky that cannot be seen, is forever blended with it").

(p. 6) The French writer Étienne Pivert de Senancour (1770-1846) published his novel *Obermann* in 1804.

(p. 6) Jaccottet's *Paysages avec figures absentes* was first published in 1970 by Gallimard. In English, it is available as *Landscapes with Absent Figures* (translated by Mark Treharne, Birmingham: The Delos Press / London: The Menard Press, 1997).

(p. 10) "In well-ordered array." From Hölderlin's poem "Lebensalter." The German phrase is "Wohleingerichteten [Eichen]."

(p. 11) "Their eyes were opened." A common phrase and concept in the Bible. See Genesis 3: 7, 21: 19; Acts 9: 8, 18; Luke 24: 31, etc.

(p. 14) "One of those correspondences was the thought of the 'simple.'" Jaccottet is alluding to the epigraph that was used for the first issue of *L'Éphémère*, the aforementioned review co-edited by André du Bouchet, Jacques Dupin, Yves Bonnefoy, Michel Leiris, Gaëtan Picon, Louis-René des Forêts, and Paul Celan. The notion is often discussed in du Bouchet's essays; see Clément Layet's preface to du Bouchet's *Aveuglante ou banale: Essais sur la poésie 1949-1959* (Paris: Le Bruit du Temps, 2011). The idea of "the simple" is found in Plotinus.

(p. 14) Gustave Roud (1897-1976), a Swiss poet and short-prose writer who exerted an important influence on Jaccottet. Jaccottet's study *Gustave Roud* was first published by the Éditions Seghers in 1968, then expanded for a new edition published by the Éditions Universitaires de Fribourg in 1982. Roud's translations of Hölderlin are collected in *Poëmes de Hölderlin* (Lausanne: Mermod, 1942), a book that was reissued by La Bibliothèque des Arts in 2002. Jaccottet's passage about Roud is found in his "Dernière visite à Roud" (*La N.R.F.*, February 1977, pp. 91-96). See as well Philippe Jaccottet and Gustave Roud, *Correspondance 1942-1976* (edited by José-Flore Tappy, Paris: Gallimard, 2002, pp. 535-540), in which the "Dernière visite à Roud" is reprinted.

(p. 14) "Mademoiselle S." In her detailed annotations to "Truinas" in the Pléiade edition of Jaccottet's *Œuvres* (Paris: Gallimard, 2014), José-Flore Tappy specifies that Jaccottet refers here to Françoise Subila, who took care of Roud during the last years of his life.

(p. 15) "If I shouldn't be alive. . . ." Emily Dickinson's poem is No. 182 in *The Complete Poems of Emily Dickinson* (edited by Thomas H. Johnson, Boston / New York / London / Toronto: Little, Brown and Company, 1960). In her annotations to the Pléiade edition of Jaccottet's *Œuvres*, José-Flore Tappy notes that, in the French, "Tu saurais" should be "Tu sauras", as Jaccottet had transcribed the words in the aforementioned issue of *La N.R.F.* I am following the text given by the Pléiade.

(p. 16) The *musica callada* ("silent music") of Saint John of the Cross (1542-1591) is mentioned in strophe 15 of *The Spiritual Canticle* (second version).

(p. 16) André Berne-Joffroy (1915-2007) was a French critic and art exhibit curator. José-Flore Tappy specifies that the actual meeting between Du Bouchet and Jaccottet took place during the summer of 1950.

(p. 18) "since / for so little." The French here is Jaccottet's own translation; it can be found in *Paysages avec figures absentes* as a footnote (see p. 520 of the Pléiade edition of his *Œuvres*). The words are from Hölderlin's fragment "Entwurf zu Kolomb IV". See Martin Heidegger, *Erläuterungen zu Hölderlins Dichtung* (Frankfurt: Klostermann, 1951):

> Von wegen geringer Dinge
> Verstimmt wie vom Schnee war
> die Glocke, womit
> Man läutet
> Zum Abendessen.

(p. 19) ". . . years later it was taken up by André du Bouchet as the impetus for and the title. . ." Jaccottet refers to the book: . . . *Désaccordée comme par de la neige* (Paris: Mercure de France, 1989).

(p. 19) Georg Büchner (1813-1837) published his novel *Lenz* in 1835. The French is quoted from a translation by Bernard Kreiss (*Lenz*, Nîmes: Jacqueline Chambon, 1991).

(p. 20) Paul Celan (1920-1970) published his *Gespräch im Gebirg* in 1959. See the *Gesammelte Werke*, volume 3 (Frankfurt: Suhrkamp, 1983, pp. 169-173). Jaccottet quotes a sentence toward the end: ". . .wir, die Juden, die da kamen, wie Lenz, durch Gebirg. . ." The translation first appeared in Celan's *Entretien dans la montagne* (Paris: Mercure de France, 1971).

(p. 20) Johann Wolfgang von Goethe (1749-1832) wrote his poem "Harzreize im Winter" in 1777. In her annotations to "Truinas" in the Pléiade edition of Jaccottet's *Œuvres*, José-Flore Tappy specifies that Katharina Kippenberg, whose husband Anton Kippenberg was Goethe's editor at Insel Verlag, tells of Rilke's late-in-life admiration for Goethe, because of this poem, in her memoirs *Rainer Maria Rilke, un témoignage* (translated into French by Blaise Briod, Paris: Éditions Plon, 1942, p. 149).

(p. 21) Franz Schubert (1797-1828) composed his song cycle *Winterreise* in 1827. The evocation of "frost flowers" is found in "Frühlingstraum" ("A Dream of Springtime"): "Doch an den Fensterscheiben, / Wer malte die Blätter da? / Ihr lacht wohl über den Träumer, / Der Blumen im Winter sah?" ("But there on the windowpanes / who had been painting leaves? / You may well laugh at the dreamer / who saw flowers in the winter?"). The poem was written by Wilhelm Müller (1794-1827). In regard to Roud, see Jaccottet's "Au voyageur d'hiver (Gustave Roud)" in *Une transaction secrète* (Paris: Gallimard, 1987).

(p. 21) "What the spirits sing above the waters." From Goethe's poem "Gesang der Geister über den Wassern." Jaccottet quotes and paraphrases lines from the second strophe. The quatrain is found at the end of the poem: "Seele des Menschen / Wie gleichst du dem Wasser! / Schicksal des Menschen, / Wie gleichst du dem Wind!" Schubert uses the quatrain in his Lied D714. The song is mentioned at the end of Du Bouchet's only text about Jaccottet, "Faites passer. . ." (*Philippe Jaccottet*, Le Temps Qu'il Fait, cahier 14, 2001, p. 13).

(p. 22) "The virgin, vivid, and lovely today." The title of a well-known sonnet by Mallarmé (1842-1898): "Le vierge, le vivace et le bel aujourd'hui / Va-t-il nous déchirer avec un coup d'aile ivre / Ce lac dur oublié que hante sous le givre / Le transparent glacier des vols qui n'ont pas fui . . ." ("Will the virgin, vivid and lovely today / Tear us with a drunken flap of its wing / This harsh forgotten lake that beneath the frost / Is haunted by the transparent glacier of flights that have not fled. . .").

(p. 26) "But what we love?" The aforementioned poem by Hölderlin, in the version translated by Gustave Roud and cited by Jaccottet:

> Wie aber liebes? Sonnenschein
> Am Boden sehen wir und trockenen Staub
> Und heimatlich die Schatten der Wälder . . .
>
> . . . aber was ist dies? Am Feigenbaum ist mein
> Achilles mir gestorben.

(p. 31) Luis de Góngora (1561-1627), the Spanish poet. Jaccottet has published two translations of Góngora, *Les Solitudes* (Geneva: La Dogana, 1984) and *Treize sonnets et un fragment* (Geneva: La Dogana, 1985). The line "¿ Caduco el paso? Ilustrese el juïcio" is found in the sonnet beginning "En este occidental, en este, oh Licio. . .," which was first translated in the latter book and is reprinted in Jaccottet's *D'une lyre à cinq cordes* (Paris: Gallimard, 1997).

(p. 32) "Parole estreme." "Extreme words. . ." From *Il combattimento di Tancredi et Clorinda* (1624), composed by Claudio Monteverdi (1567-1643), who used a libretto based on *Jerusualem Delivered* by the poet Torquato Tasso (1544-1595).

Truinas

le 21 avril 2001

La veille de l'enterrement d'André du Bouchet, le 20 avril, Marie, sa fille, m'ayant téléphoné pour me demander si je dirais quelques mots à cette occasion, je lui avais répondu n'être pas sûr d'en avoir le courage. Puis, le soir même, ayant fait réflexion que si personne ne parlait – comme je me doutais déjà qu'il n'y aurait pas de véritable cérémonie –, ce serait encore plus douloureux, j'avais écrit, rapidement, ceci :

« Dans la dernière lettre reçue d'André du Bouchet, datée du 31 mars, ces mots : "Arrivé à Truinas dans une merveilleuse tempête de neige..."

« Alors me sont revenus ces vers de Hölderlin dans "Mnémosyne" :

> *Et la neige comme des muguets de mai*
> *qui signifie*
> *Noblesse d'âme, où*
> *Qu'elle soit, brille avec le vert*
> *Des prairies au flanc des Alpes,*
> *Là-bas où s'en va sur la haute route,*
>   *[parlant*
> *De cette croix au bord du chemin plantée*
> *En souvenir des morts,*
> *Un voyageur avec*
>   *L'autre. Mais qu'est-ce donc ?*

« "Noblesse d'âme" : mots devenus presque imprononçables : C'est pourtant ce que nous avons tous admiré, aimé, chez André du Bouchet ; comme sa fougue préservée jusqu'aux derniers jours malgré ce qu'il a eu à endurer ; et cette vaillance, elle aussi gardée jusqu'au bout, et que je lui ai toujours enviée.

« Aussi bien, chaque fois que nous revenions de Truinas, Anne-Marie et moi, nous nous sentions revigorés, retrempés. Et, si c'était encore de jour, il y avait à droite de la route du retour, après Dieulefit, l'étroite rivière qui brillait en avant de nous comme de la lumière qui nous eût précédés, conduits, ayant fendu par endroits la roche elle-même brillante. Ce sont ces choses-là qui nous ont gardés proches pendant plus de cinquante ans, ce sont ces choses-là qu'il a atteintes dans les mots comme peu d'autres poètes l'ont pu, d'un trait de flèche, l'arc à sa plus vive tension.

« Paroles incandescentes.

« Ne plus les entendre, je veux dire oralement prononcées par lui, va beaucoup nous manquer, à tous.

« "Emporté à Truinas ce 20 avril comme dans une merveilleuse tempête de neige" : "la neige comme des muguets de mai" – ils ne vont plus tarder – "qui signifie noblesse d'âme, où qu'elle soit"... ».

Or, partis de Grignan vers neuf heures du matin, comme la voiture roulait en direction de Dieulefit dans la vallée du Lez, plus étroite à mesure qu'on avance, j'ai fait remarquer à Anne-Marie que les nuages au devant desquels nous allions pourraient fort bien annoncer de la neige. En effet, celle-ci a commencé à tomber aussitôt après Dieulefit, lourde et humide, en même temps que le brouillard s'épaississait au point de vaguement nous inquiéter pour la fin du parcours. À l'arrivée à Truinas, tout le paysage était saupoudré de blanc, l'air froid, les chemins boueux ; de sorte que cette phrase sur laquelle j'avais prévu d'ouvrir et de refermer mon propos, cette « tempête de neige » qui n'était encore dans mon esprit qu'une métaphore, j'allais devoir la modifier, puisque la neige dite par André lui-même « merveilleuse » qui avait accompagné son départ forcé de Truinas à fin mars, venait de tomber à nouveau – mais pour son dernier retour...

Quand nous sommes arrivés au petit cimetière, dans le fond du vallon, à côté d'une chapelle où nous n'étions d'ailleurs jamais descendus par le passé, une pelle mécanique était encore en train de creuser la fosse dans la terre fangeuse. Quelques personnes étaient là, des inconnus, des amis aussi, mais pas encore de membres de la famille, de sorte que nous avons pensé nous abriter du froid et de la vague neige qui tombait toujours dans la chapelle qui, d'être désaffectée, semblait encore plus tristement froide. Enfin, nous avons aperçu Anne, puis Marie, puis Paule et Gilles. Il semblait bien que rien, absolument rien ne fût prévu, organisé ; sans même par-ler d'un cérémonial, d'un rituel auquel nul d'entre nous, sans doute, ne s'attendait ; mais pas même une ébauche d'ordre : une sorte de désarroi étrange, quelque chose de sauvage aussi qui peut-être, en fin de compte, convenait. Anne-Marie a offert son bras à Jacques Dupin qui avait failli glisser sur le terrain en pente. Le cercueil était posé sur des tréteaux de chantier en tubes métalliques dans un petit enclos déclive où je crois qu'il n'y avait guère encore qu'une ou deux tombes. J'ai été saisi alors d'une impression d'étrangeté qui n'a cessé de croître à mesure que le temps passait : à cause de ce froid inattendu, de ce vallon saupoudré de neige que je commençais à découvrir au-delà du mur bas du cimetière, et plus encore de cette sorte de désordre et de désarroi, de ce long silence – au point que je me suis rendu compte, plus tard, que pas une seconde je n'avais pensé qu'il y avait dans le cercueil un corps mort, et celui d'un si vieil ami, pas une seconde – et je ne crois pas que ç'ait été seulement le fait d'une défense inconsciente contre un excès d'émotion...

Tout rituel oublié, ou délibérément refusé, et le contraire même d'un cérémonial, fût-il pauvre et discret : le silence, le froid humide, la neige qui maintenant avait cessé de tomber ou tournait en pluie, et cette sorte d'attente chez ceux qui se tenaient là debout, légèrement hébétés, comme presque perdus.

Finalement, à défaut d'une liturgie que j'aurais peut-être, moi l'attardé, préférée (mais qui aurait été au fond, je m'en rends compte, déplacée, là-bas, où ce qui a été « vrai », ce fut précisément ce désordre, ce trouble que j'ai dit), il y a des paroles prononcées, presque au hasard et – en profondeur – pas du tout au hasard ; comme ces fleurs ici et là devinées sous la neige. Dominique Grandmont s'est approché de la fosse et il a lu « l'avril », un poème d'André de 1983, et c'était très beau, parce qu'il y était question d'une « croisée bleue » et de fleurs, opposées, enfin, à la fosse boueuse, paroles fleurissant là, sauvages : comme le fut ensuite, sauvage et plus chaleureuse, plus poignante que tout, cette adresse de Jacques Dupin : « André, mon frère ! » (et moi, je continuais à ne pas penser qu'il était devenu un mort, à seulement regarder le paysage tel que jamais je ne l'avais vu – et plus tard, je me dirais aussi que des mots comme ceux-là, je n'aurais jamais pu les dire, ainsi, et que ce n'était pas à mon honneur). Après quoi j'ai lu mes quelques lignes : « la neige, comme des muguets de mai, qui signifie noblesse d'âme », conscient que je touchais là tout de même à quelque chose d'irréfutable par quoi nous avions été liés d'emblée. Enfin, quelqu'un que je ne connaissais pas s'est avancé avec un livre à la main et s'est mis à lire à son tour – il avait tout à fait cessé de neiger ; et le choix de cette lecture a encore approfondi l'étonnement et l'émotion qui étaient les miens, parce que j'ai tout de suite reconnu les dernières pages d'*Obermann*, notamment ces lignes commençant par « si les fleurs n'étaient que belles » qui avaient été pour moi dans les années soixante une véritable illumination, au point que j'en avais fait le point de départ d'un chapitre de *Paysages avec figures absentes*.

J'écoutais, et les paroles lues pénétraient en moi aussi profond que le paysage de cet avril hivernal autour de nous :

> ... Que d'infortunés auront dit, de siècle en siècle, que les fleurs nous ont été accordées pour couvrir notre chaîne, pour nous abuser au commencement, et contribuer même à nous retenir jusqu'au terme ! Elles font plus, mais assez vainement peut-être : elles semblent indiquer ce que nulle tête humaine n'approfondira.

> Si les fleurs n'étaient que belles sous nos yeux, elles nous séduiraient encore ; mais quelquefois ce parfum entraîne, comme une heureuse condition de l'existence, comme un appel subit, un retour à la vie plus intime. Soit que j'aie cherché ces émanations invisibles, soit surtout qu'elles s'offrent, qu'elles surprennent, je les reçois comme une expression forte, mais précaire, d'une pensée dont le monde matériel renferme et voile le secret.

J'écoutais, plus touché encore :

> ... *mais ce serait assez de la jonquille ou du jasmin pour me faire dire que, tels que nous sommes, nous pourrions séjourner dans un monde meilleur.*
> *Que veux-je ? Espérer, puis n'espérer plus, c'est être ou n'être plus : voilà l'homme sans doute. Mais comment se fait-il qu'après les chants d'une voix émue, après les parfums des fleurs, et les soupirs de l'imagination, et les élans de la pensée, il faille mourir ?*

Puis, j'entendais qu'« *une femme remplie de grâce aimante* » s'approchait, « *sans autre voile* » qu'un rideau, reculait, revenait, « *en souriant de sa voluptueuse résolution* » – comme une autre espèce, encore infiniment plus précieuse, de fleur ; après quoi, brusquement : « *Mais ensuite il faudra vieillir* ».

Comme si le plus mystérieux et le plus nécessaire de toute vie était touché en passant, presque paresseusement... jusqu'aux dernières pages du livre, les dernières aussi à être lues ce matin-là, devant la fosse encore vide :

Si j'arrive à la vieillesse, si, un jour, plein de pensées encore, mais renonçant à parler aux hommes, j'ai auprès de moi un ami pour recevoir mes adieux à la terre, qu'on place ma chaise sur l'herbe courte, et que de tranquilles marguerites soient là devant moi, sous le soleil, sous le ciel immense, afin qu'en laissant la vie qui passe, je retrouve quelque chose de l'illusion infinie.

Ces phrases avaient été écrites, comme à voix basse, il y a deux siècles ; elles venaient d'être lues, à voix basse aussi, d'une voix même un peu tremblante, avec quelle justesse d'intuition, en ce matin d'avril ; et ce n'en était pas moins comme si elles remplissaient tout l'espace jusqu'à se fondre dans le brouillard qui cachait l'horizon.

Après cela, ayant repris la voiture, comme nous nous sommes fourvoyés un moment sur la route de Félines au lieu de rejoindre directement la maison où les amis étaient attendus – dont quelques-uns, à pied, que nous saluions en les dépassant –, ces grandes prairies en pente, ces rochers dans les ravins comme des blocs arrêtés depuis des siècles dans leur éboulement, deux chevaux aussi, immobiles dans un renfoncement de l'étroite route, ces arbres des terrasses en fleurs, tout cela sous une légère couche de neige qui ne les dissimulait qu'à peine, tout cela, comment dire ? plus beau, c'est-à-dire plus réel dans son étrangeté, dans sa sauvagerie, plus intense que je ne l'avais jamais vu ; tout cela à la fois sauvage et « en belle ordonnance » comme les chênes dans un autre poème de Hölderlin dont je me souvenais, une « présence » comme je n'en avais peut-être ressenti de ma vie d'aussi forte, indubitable et parfaitement incompréhensible, « merveilleuse », oui, vraiment, comme la tempête de neige dans la dernière lettre d'André.

Un ou deux jours plus tard, de retour chez moi et repensant à cette matinée, à l'exclamation de Senancour : « Jonquille ! violette ! tubéreuse ! vous n'avez que des instants... », j'ai risqué ceci : jamais la jonquille ne dira « jonquille », et c'est sans doute pourquoi elle nous paraît à la fois si belle et si insaisissable. Les fleurs sont sans regard, sans larmes, sans voix. Comme les flocons de neige, ce matin-là, comme les rochers, comme la boue.

Il semblait que Petit-crû, le chien, lui, regardât ; comprît un peu, commençât à comprendre : il passait, en partie, de notre côté. L'histoire du Paradis n'était peut-être pas une fable vaine : le regard, la parole avaient dû naître quand on avait cessé d'être tout entiers à l'intérieur du monde et accordés à lui comme semblent l'être les plantes et les pierres. « Leurs yeux se sont ouverts » : et à l'invention des sources a succédé celle des larmes, infiniment différentes les unes des autres.

Ayant pensé cela, je nous ai revus là, dans la « belle ordonnance » de ce lieu extraordinairement réel et sourdement rayonnant, ces figures qui s'étaient réunies non sans difficultés, la jeune étrangère descendant à pied la route de Truinas d'abord, Gilles et sa fille marchant sur une autre, là où nous avions vu les deux chevaux, ces êtres qui glissaient dans la boue du petit cimetière en pente, qui avaient froid, dont la voix, se risquait-elle à s'élever, tremblait par moments un peu ; tristes, bien sûr, mais n'étant pas de ceux qui l'affichent trop ; surtout, tels que je les revoyais, nous revoyions, étrangement gauches, perdus, comme si la « belle ordonnance » qui avait pu être longtemps celle, pas seulement des arbres et des ravins, mais de notre vie et de notre mort à tous, s'était défaite, nous laissant là désemparés devant la tombe, dans ce fond de vallon, presque comme des pauvres enterrant l'un des leurs, victime de quelque guerre ignoble, vite, en marge des combats... Tellement désarmés.

Figures noires prêtes à se défaire aussi comme des flocons, mais tellement plus misérables qu'eux.

Plus misérables, sauf que, à défaut des très vieilles paroles d'une quelconque liturgie, nous étions allés chercher, pour les risquer là dans l'air, contre la mort, outre le plus simple des cris du cœur (« André, mon frère ! »), des paroles à peine moins désancrées que nous – celles-là justement qui sont nées du premier exil, qui ne se seraient jamais formées et n'eussent pas été nécessaires sans lui, pour essayer de nous rattacher, le temps au moins de les prononcer ou de les entendre, au monde, au monde « merveilleux » des choses sans regard et sans voix, au monde des fleurs et des flocons sur les fleurs ouvertes ou commençant à s'ouvrir.

Et maintenant me revient à l'esprit un autre moment de cette matinée du 21 avril, quand nous nous sommes presque tous retrouvés dans la maison de Truinas. Anne de Staël, très calme, sa grande force intérieure inentamée par le chagrin, est venue me parler quelques instants. Elle me raconta que, peu de jours avant la mort d'André, comme elle lui proposait de lui lire des pages – qui lui avaient semblé, à elle, particulièrement complexes – écrites à propos de sa poésie, il en avait décliné l'offre ; pour accepter, en revanche, avec gratitude, qu'elle lui lût des poèmes d'Emily Dickinson, dont elle me confia combien depuis toujours elle les admirait ; ajoutant, de cette façon si directe qu'on ne peut qu'aimer chez elle, ces mots, ou à peu près : « Comme si, devant la mort, ne tenait que ce qui se comprend de soi... »

Pour moi, ai-je pensé plus tard, ce fut comme si, dans cette matinée si étrangement pleine, d'autres fils étaient venus s'ajouter à toute une trame de correspondances que, depuis longtemps, je devinais entre André et moi, en dépit de nos différences. L'un était cette pensée du « simple » (encore n'est-ce pas le mot, Dickinson n'est pas « simple », ni Hölderlin, ni Hopkins, ni André lui-même) qui serait seul opposable à la mort, pensée qui n'avait cessé de m'occuper depuis des années. L'autre fil, c'était la mention d'Emily Dickinson dans ce moment de deuil, à cause de ce que j'avais écrit vingt-cinq ans plus tôt, après la mort de Gustave Roud, et qui ne pouvait pas ne pas me revenir à l'esprit maintenant :

« L'après-midi des obsèques, sur la table de travail encombrée de livres probablement non lus et de courrier resté le plus souvent sans réponse, j'ai été frappé par la présence de quelques objets où semblait se résumer une vie. D'abord, la photographie d'un des amis paysans de Roud, coiffé d'une toque de fourrure, un bûcheron d'hiver, et, devant cette photo, une carte postale représentant, je pense une tête d'Apollon archaïque ; ensuite, le petit volume d'Emily Dickinson dont Mlle S. m'a dit qu'il savait par cœur deux poèmes qu'il n'avait cessé de relire au cours des derniers mois, dans la langue originale ; j'en cite ici la version qu'elle m'en a fournie :

Si au retour des rouges-gorges
Je n'étais plus en vie,
Au cravaté de rouge donne
La miette commémorative.

Si à peine endormie
Je ne pouvais dire merci,
Tu saurais que j'essaie
De ma lèvre de granit. . . »

Or, je l'ai dit souvent, la rencontre que j'ai faite, adolescent, de l'œuvre et de la personne de Roud aura été décisive pour me fortifier dans une conception de la poésie où le travail d'écrire et le mode de vie, la façon de se tenir dans la vie, devaient être indissociablement liés. Je ne crois pas qu'André du Bouchet aurait beaucoup aimé les livres de Roud, ni même ses traductions de Hölderlin. Mais, par la discrétion et la dignité, ils étaient proches, « à la même hauteur » ; et plus encore, à la racine de leurs œuvres, par certains accords profonds dont le surgissement de la figure, si pure, d'Emily Dickinson dans l'imminence de leur mort, était un signe poignant.

Nous étions relativement nombreux dans la maison, et proches les uns des autres comme rarement : André lui-même alors aussi peu mort que possible, si on a le droit de parler ainsi. Et ces échos inouïs, aux deux sens du mot, circulaient là dans l'air, comme si nous étions pris dans le réseau d'une « musique tue » – la *musica callada* de saint Jean de la Croix –, tenus ensemble, habitant ensemble une maison encore autre que celle, de pierres tressées de plantes, qui nous abritait.

Un réseau, oui, c'était exactement cela, comme je m'en assurerais de mieux en mieux à mesure que je repenserais à cette longue et le plus souvent tacite amitié.

« Nous avons les mêmes raisons. » Malgré les lacunes grandissantes de ma mémoire, j'entends encore André du Bouchet me dire ces mots, tels quels, lors de notre première rencontre, qui s'est produite à l'abbaye de Royaumont à l'occasion de quelque festivité culturelle dont j'ai tout oublié – présentés l'un à l'autre par André Berne-Joffroy, comme celui-ci me l'a tout récemment rappelé : en 1948, peut-être ; quoi qu'il en soit, il y a fort longtemps...

Cinq mots brefs, péremptoires, où je le retrouve aujourd'hui tout entier, brefs et brusques, puisqu'ils ne pouvaient se fonder encore que sur une intuition immédiate ; cinq mots dont j'aurais été moi-même incapable, par la faute de cet esprit de doute et de cette prudence dont je ne me suis jamais défait. Cinq mots dont il me faut bien désormais reconnaître avec étonnement la justesse.

(Alors que les conséquences de ces « raisons » dans nos livres ont été si différentes, au point de me paraître quelquefois difficilement compatibles, et que je me sois demandé plus d'une fois comment André pouvait s'accommoder de mes livres, et comment je pouvais nourrir pour les siens autant d'admiration. Comme si, en fin de compte, d'un même terreau, pouvaient naître des plantes d'espèces très différentes. D'un même terreau, c'est-à-dire : des « mêmes raisons ».)
Ainsi de notre admiration commune pour Hölderlin.

Dans *Paysages avec figures absentes*, qui date de 1970, cette note ajoutée à quelques pages de réflexions sur ce poète :

« L'une des plus admirables [images de Hölderlin], entre beaucoup, se trouve dans une ébauche d'un hymne à Colomb :

> *car*
> *pour peu de chose*
> *était désaccordée, comme par la neige,*
> *la cloche dont*
> *on sonne*
> *pour le repas du soir.*

Il est difficile de saisir le rapport de ces vers à l'hymne lui-même ; mais en suspens ici comme elle l'est, l'image fait penser à un haï-ku ; et quelques-uns me comprendront si je dis trouver dans ce peu de mots *l'ouverture infinie* qui me fait vivre. »

Nul hasard si ce fragment, dont je m'étais paresseusement contenté de montrer l'énigme et d'en souligner l'éclat qui aimantait ma pensée vers lui, allait être repris, des années, des années plus tard, par André du Bouchet comme titre et point de départ d'une méditation où il s'avance dans des régions que j'aurais été, quant à moi, bien incapable d'aborder jamais. Mais, accordant l'un et l'autre la même place privilégiée à cette œuvre dans notre aventure poétique, en en traduisant l'un et l'autre des pages, chacun à sa manière, il est clair que c'était par choix de fréquenter les mêmes parages de l'esprit. Rien d'étonnant donc, non plus, si, pour prendre congé de lui, un fragment de « Mnémosyne » m'était venu presque immédiatement à la pensée. Pas seulement à cause de la neige, des muguets de mai et de la « noblesse d'âme », mais aussi à cause de l'évocation des deux voyageurs qui passent ce col marqué d'une croix « en souvenir des morts » : pour ce thème du passage qui m'aura accompagné toute ma vie, et pour la multiplicité d'échos qu'il suscitait en moi ; à commencer par l'ouverture du *Lenz* de Büchner :

Le 20 janvier, Lenz marchait dans la montagne. Sommets et hautes pentes sous la neige, dévalant les combes, pierraille grise, pentes verdoyantes, rochers et sapins.

Il faisait un froid humide ; l'eau ruisselait des rochers et bondissait sur le chemin...

Puis, surgissant derrière ces lignes – ou ces pentes, ou ces parois), l'admirable *Entretien dans la montagne* de Celan – traduit, justement, dès 1970, par André du Bouchet et John E. Jackson :

Nous Juifs, venus ici, comme Lenz, à travers la montagne...

Et, plus loin en arrière encore, souvenir moins immédiatement probant mais tout de même encore vif pour moi, ce « Voyage dans le Harz en hiver » qui avait presque réconcilié Rilke avec la poésie de Goethe...

De là, il n'y avait que peu de pas à faire en soi jusqu'au *Voyage d'hiver*, jusqu'à ce Schubert dont j'avais découvert un jour avec un peu d'étonnement qu'André l'admirait autant que moi, comme l'avait aimé, de façon, je dirais, plus intime encore, de nouveau, Gustave Roud ; lui que j'avais pu comparer, vers la fin de sa vie, à un autre « voyageur d'hiver » – et jamais je n'avais revu les fenêtres basses de sa chambre campagnarde sans que s'y regravent, pour mon esprit, les fleurs de givre qu'évoque un des plus beaux lieds du cycle.

Échos moins multiples qu'obstinés, entendus dans les profondeurs du cœur, jusqu'à ces pages écrites si généreusement pour moi par André et dont la fin fait surgir ensemble, justement, Schubert et Goethe : « Ce que chantent les esprits au-dessus des eaux ». Poème de la cascade, « rayon pur » de lumière tombant de la paroi abrupte pour devenir voile d'écume irisée et murmures dans les profondeurs, jusqu'au miroir lisse du lac où se reflètent les constellations :

> *Âme des humains,*
> *Si semblable à l'eau !*
> *Destin des humains,*
> *Si semblable au vent !*

Pourquoi, pourquoi donc ai-je eu immédiatement, ce matin-là, en arrivant à Truinas, la sensation de voir la réalité du monde comme « en relief », comme vous submergeant, presque à couper le souffle ? Je puis imaginer d'abord que la circonstance, douloureuse, avait rendu ma sensibilité plus aiguë ; et que, de surcroît, la surprise de la neige qui avait transformé si rapidement le paysage avait encore contribué à aiguiser mon regard. (Il faut ajouter que, toujours, j'avais ressenti ce lieu de Truinas à la fois très beau et très « vrai » – très beau parce que très vrai –, y compris la grande maison basse qui en était devenue le cœur.)

Ce saupoudrage de neige sur toutes choses : cette rencontre, ou la première ou la dernière, en début ou en fin de saison – une surprise –, des prairies et de la neige, des feuillages et de la neige ; la découverte de toutes les choses autour de nous comme rafraîchies par cette sorte de plumage sans poids, cette surprise – comme si un très grand oiseau en effet avait effleuré un instant le sol, cette touche légère, fraîche, presque immatérielle – virginale, je crois qu'on peut, qu'on doit le dire aussi (« Le vierge, le vivace et le bel aujourd'hui »). Les rochers, les ravins, les prairies, les haies, les bouquets d'arbres, les rares fermes de pierre, indubitables comme jamais, en même temps que, comment dire ? allégées...

Présence, poids, densité impossibles à mettre en doute, de ce morceau du monde ; et d'autre part, l'événement même de la mise en terre rendu lui aussi, étrangement, plus « vrai », vrai comme ces pierres et cette boue, par l'absence totale de cérémonial et ce que j'ai dit même paraître du désordre, du désarroi, une sorte de gaucherie devant la mort.

Sauvage.

Le sauvage : ce qui est tout au fond, le sans apprêt, l'assise retrouvée, le sol sur lequel on ne vacille pas – cela même qui est toujours si présent dans les livres d'André du Bouchet –, à l'endroit même où, une nuit, plusieurs années plus tôt, manquant le chemin et tombant d'une restanque sur l'autre, je m'étais cassé un os du talon : le contraire du rêve ; et là-dessus, la neige légère, comme les plumes abandonnées par une migration tardive.

La rencontre, à peu près impossible à dire, de la neige sur les fleurs commençant à s'ouvrir des pommiers ; touches de rose dans tout ce blanc.

Le froid, la boue, les rochers éboulés, le verger en fleurs ; mais aussi ces deux chevaux couleur de beau bois, immobiles ; et les gens qui marchaient là, et ce sentiment naïf qu'ils étaient tous des amis, ou auraient dû l'être, à cause d'une aimantation commune qui les orientait vers la fosse, et vers la maison.

Et cet autre sentiment, en moi du moins, encore plus étrange, qu'il n'y avait pas de vide, pas d'absence, que le cercueil seul était vide, en quelque sorte. Je vais même risquer ceci qu'il n'y avait pas exactement de la tristesse, en moi du moins ; une émotion à la fois très calme et très intense, mais pas de déchirement, pas de révolte. (Je suis bien obligé de dire, comme j'ai toujours essayé de le faire, ce que moi j'ai ressenti : rien d'autre.)

Tout était avivé, ce matin-là : la sensation de la réalité du monde, de la merveilleuse réalité du monde dans un moment de rencontre des contraires ; et le sentiment de la chaleur humaine, d'une, oui, je le répète, d'une « noblesse d'âme » qui rayonnait dedans et dehors, sous le ciel de neige comme sous le toit de la maison.

Mais la merveille extrême, celle capable de susciter, paradoxalement sinon scandaleusement, une espèce de joie sourde, timide et tout de même puissante, ç'avait été à coup sûr les paroles, elles-mêmes une autre espèce de fleurs et de flocons, qui s'étaient élevées, avaient fleuri, avaient flotté quelques instants à mi-hauteur entre terre et ciel, choses immatérielles et cependant pas tout à fait, impossibles à produire s'il n'y avait eu d'abord les fleurs, les rochers, les nuages qu'il leur arrivait d'évoquer, mais émanées d'un tout autre lieu que la terre ou le ciel, nées de nous autres, émanées du cœur, ne pouvant être parlées que par nous et ne parlant qu'à nous – et c'était elles, ou, décidément, qui avaient gagné, ce matin-là, le temps de ce matin-là, sur le vide ; mais avec quelle légèreté, quelle absence de prétention, sans le moindre accent de triomphe – je voudrais bien savoir et pouvoir dire comment –, aussi simplement, aussi miraculeusement qu'un ruisseau se fraie un chemin entre les herbes et les cailloux (et il coulait, en effet, plus bas, fidèlement).

Une fumée lumineuse.

Ou le parfum monté du plus profond du cœur, quand il ne se ferme plus au monde.

Un filet maillé de paroles qui rassemblait, qui enveloppait comme un manteau, mais qui n'enfermait pas, n'emprisonnait pas, au contraire ; puisque toutes les paroles choisies alors disaient un passage, étaient elles-mêmes passage, un pas après l'autre – et la montagne alors, cessant de paraître un mur, devenue simplement ce qui porte la neige à sa cime, la nuit qui fleurit au lever du jour à son sommet lointain.

(Ici, encore un passage de « Mnémosyne », qui précède immédiatement celui cité par moi :

> *Mais ce qu'on aime ? Un éclat de soleil*
> *Au sol, c'est ce que voient nos yeux, et la*
> *   [poussière desséchée,*
> *Et les ombreuses forêts de la patrie . . .*

Et enfin, juste après le même passage :

> *Mais qu'est-ce donc ? Achille sous le*
> *   [figuier, mon Achille*
> *Est mort . . .)*

Voilà donc comment il peut arriver que s'entretissent le visible et l'invisible, les choses de la nature, les bêtes, les êtres humains, vivants et morts, et leurs paroles, anciennes ou nouvelles, ainsi que le chagrin et une espèce de joie. Alors, ayant frôlé du plus intime de soi, si fragile qu'on puisse être, si débile qu'on puisse devenir, quelque chose qui ressemble tant au plus intime du mystère de l'être, comment l'oublier, comment le taire ?

Feuillets joints

Voilà donc mises en forme, mais maladroitement – si maladroitement qu'autrefois je ne les aurais pas divulguées telles quelles – ces pages commencées aussitôt après le 21 avril 2001 et traînées pendant trois ans comme un poids, le poids d'une ébauche peu satisfaisante, d'une promesse non tenue. Publiées donc, malgré tout, à cause du mouvement d'amitié qu'elles signifient tout d'abord ; et à cause de ce qu'elles voudraient dire ou redire, avant que je ne le puisse décidément plus.

Si encore j'avais passé des jours à les reprendre, à les retoucher, à les varier, à les enrichir ! Non, ces jours, je les passais le plus souvent à m'en tenir éloigné, pour m'éviter les preuves de mes défaillances ; et nullement distrait par d'autres tâches qui m'auraient excusé.

C'est tout juste si je pouvais noter, de temps en temps, à quel point je me sentais « défait » ; non pas « déchiré », mais « défait ».

Embarrassé aussi, comme jamais, devant ce qu'il me semblait toujours indispensable de cerner.

Embarrassé, défait, dégoûté quelquefois, mais avec un dernier reste d'opiniâtreté.

Un autre jour me revenait à l'esprit ce vers d'un sonnet écrit par Góngora dans son grand âge :

¿ Caduco el paso ? Ilustrese el juïcio

que j'avais traduit ainsi :

Caduc le pas ? Que l'esprit
s'éclaircisse . . .

Que ce vers me poursuivît, rien de plus naturel. Mais si l'esprit lui-même, pensais-je, devient « caduc » ? Il n'y avait, contre cela, rien à faire. Et c'était une raison de plus de ne pas ajourner encore l'achèvement de ce texte, si cette matinée de Truinas avait été vraiment, comme il m'arrivait de le croire, l'un des rares moments de ces années « dans le ravin » où je me fusse senti « recentré ». Après quoi, de nouveau, j'avais vite fait de lâcher prise.

Je vivais ce moment où les « paroles ailées », ou qu'on a rêvées telles depuis toujours, tombent à terre en un piteux désordre ; un peu comme ces palombes, dans les Pyrénées, prises au filet en foule – ce que j'ai vu à peine adolescent au Pays basque, en 1938, et que je crois bien qu'on nous avait emmenés admirer comme un « beau spectacle », et que j'ai peur d'avoir en effet, sur le moment, jugé ainsi.

Et comme j'y songeais maintenant, dans la déroute de mes pensées, je me demandais s'il y en avait eu, de ces palombes, quelques-unes qui, surplombant l'épervier de bois lancé vers elles, eussent passé indemnes le col. Cela même que j'aurais pu rêver pour ces « paroles extrêmes ».

(*Parole estreme*, dites par Clorinde mourante à Tancrède, dans les octaves du Tasse traduites en si admirable musique par Monteverdi.)

Plus tard encore – c'était cette fois le 3 novembre 2003 – j'avais tout de même, de nouveau, reçu une espèce de signe : vus d'un chemin entre le lieu-dit Gleizes et le Rocher des Aures, ces quelques peupliers qui flamboient ou, mieux, s'allument en cierges à flammes jaunes, presque dorées même, sur fond d'herbages d'un vert sombre et dense – en particulier devant une pente assez raide où paissent des vaches qu'on dirait peintes sur un panneau vertical, comme dans les Livres d'heures. Ces espèces de lampes allumées en plein jour, à peine tremblantes, dressées dans ces combes, ces fonds de vallons tranquilles ; et leur lumière vraiment dorée, leur lumière de couchant, revenue enfin jusqu'à mes yeux las, pour qu'ils se rouvrent au moins le temps de passer à leurs pieds.

Signes qui sont des aides, et qui se raréfient.

Et finalement, en désespoir de cause, presque trois ans jour pour jour après ce matin à Truinas, cette résolution de se contenter – mais contenter est trop dire – du travail fait.

Parce que ce que j'ai essayé là de retenir devient quelque chose de plus en plus lointain.

Quelque chose qui finira par ressembler à une langue étrangère que l'on aurait longtemps cru comprendre et même osé parler, et qui vous deviendrait peu à peu inintelligible.

Ou à un remède longtemps efficace qui n'agirait plus, et auquel on ne parviendrait à trouver aucun substitut.

Ou ce serait comme une main qui se retire, un visage qui se détourne.

Le soleil de la vie qui recule d'un pas, puis de beaucoup de pas.

Je me demande s'il peut encore passer un oiseau dans ce ciel-là.

Avril 2001-Avril 2004

BIOGRAPHICAL INFORMATION

"It was the 20th of April, on the eve of André du Bouchet's burial, when his daughter Marie called to ask if I would say a few words for the occasion. I told her I wasn't sure I would have the courage to do so. Then that same evening, after imagining the burial would be even more sorrowful if no one spoke up at all—even as I already suspected no genuine ceremony would be held—I quickly wrote this down. . ."

Truinas, April 21, 2001 is Philippe Jaccottet's meditation on his long friendship with **André du Bouchet** (1924-2001) as well as on the poet's funeral, an event that provokes memories of their first meeting a half-century earlier, their literary affinities (notably their common literary admiration for the poetry of Friedrich Hölderlin), particularly vivid perceptions of the natural surroundings of Du Bouchet's house in the south of France, and, not least, doubts—scruples—about the very possibility of writing truly and honestly about death. Along with his contemporaries Yves Bonnefoy, Pierre-Albert Jourdan, Pierre Chappuis, Anne Perrier and others (like Jaccottet), André du Bouchet was one of the outstanding French-language poets interested in Nature, metaphysics, and the relationship between the mind (or the self) and external reality. His poetics are noted for their sparse, aphoristic, and fragmentary qualities. A fine sampling of his work, in English translations by Paul Auster and Hoyt Rogers, is available as *Openwork: Poetry and Prose* (Yale University Press).

Born in Switzerland and a longtime resident of France, **Philippe Jaccottet** (b. 1925) is one of the essential European poets. His most recent collections of poems and poetic prose texts have been translated by John Taylor and published as *And, Nonetheless: Selected Prose and Poetry 1990-2009* (Chelsea Editions). Taylor has also translated Jaccottet's *The Pilgrim's Bowl (Giorgio Morandi)* for Seagull Books. In 2014, Jaccottet's collected writings were issued as a volume in Gallimard's prestigious "Pléiade" series, a rare honor for a living author. He has been awarded several European literary prizes, including the Petrarch Prize, the Schiller Prize, and the Grand Prix Suisse de littérature, the highest Swiss literary distinction. Among other recent translations of Jaccottet's books are Tess Lewis's versions of *Obscurity* and *Seedtime: Notebooks 1954-79* for Seagull Books.

John Taylor is the author of the three-volume *Paths to Contemporary French Literature*, *Into the Heart of European Poetry*, and *A Little Tour through European Poetry*—all five books published by Transaction. He has also written several books of stories, short prose and poetry, the latest of which are *The Dark Brightness* (Xenos Books) and *Grassy Stairways* (The MadHat Press). His translations have received grants and awards from the Sonia Raiziss Charitable Foundation, the National Endowment for the Arts, and the Academy of American Poets. He has recently translated books by Pierre-Albert Jourdan, Jacques Dupin, Georges Perros, Pierre Chappuis, Pierre Voélin, Catherine Colomb, and José-Flore Tappy.

Printed by Libri Plureos GmbH in Hamburg, Germany